AF230317

ERNEST DESCLOZEAUX

Aix, Typ. Remondet-Aubin, sur le Cours, 53.

Tout n'est donc que vanité hors
aimer Dieu et le servir seul.

Imitation de Jésus-Christ.

Sémaphore de Marseille du 13 Novembre 1867.

Nous recevons d'Hyères la lettre suivante qui contient une courte notice sur la vie et les travaux de M. Desclozeaux dont nous avons hier annoncé la mort :

« M. Ernest Desclozeaux avait fait de brillantes études au collége de Sainte-Barbe, et en avait conservé un goût prononcé pour la littérature et en particulier pour les auteurs français du dix-huitième siècle qu'il appréciait en connaisseur. Il débuta dans la magistrature en 1830, comme conseiller auditeur à la Cour royale de Paris, fut nommé peu après substitut au tribunal de la Seine et se fit remarquer par l'étendue de ses connaissances et la sagacité de son esprit.

« En 1841, il obtint les fonctions de secrétaire général du ministère de la justice, avec le titre de conseiller d'État en service extraordinaire, et la considération dont il sut s'entourer lui valut d'illustres amitiés qui, depuis, lui sont restées fidèles. Il fut élu député à Embrun en 1846 ; la révolution de 1848 interrompit sa carrière si heureusement commencée et le rejeta dans la vie privée.

« Il consacra à l'étude les loisirs que les événements politiques lui avaient faits et obtint, avec distinction, le diplôme de docteur en droit. Le 5 mars 1858, il fut nommé par M. Rouland, alors ministre de l'instruction publique, recteur de l'Académie de Caen, et, le 20 juin 1860, recteur de l'Académie d'Aix ; il n'a quitté ces dernières fonctions que le 17 septembre pour prendre définitivement un repos que des infirmités prématurées avaient rendu nécessaire.

« Sans essayer d'analyser tous les actes de l'administration de M. Desclozeaux parmi nous, nous ne saurions oublier que, sur son initiative, se sont ouverts le grand et le petit lycée de Nice, le lycée de Toulon, le petit lycée de la Belle-de-Mai à Marseille, les colléges d'Arles, d'Antibes et de Menton. La ville de Marseille lui doit, en outre, l'installation des cours faits avec tant de succès à la Faculté des Sciences par les professeurs des Facultés de Droit et des Lettres d'Aix. La plupart de nos établissements universitaires ont pris, dans ces dernières années, un développement nouveau auquel il n'est pas resté étranger.

« Depuis le mois de septembre, M. Desclozeaux

vivait retiré dans sa terre de Costebelle, à Hyères, entouré de sa famille et d'un petit cercle d'amis qu'il charmait par ses qualités aimables et l'entrain d'un esprit toujours vif et séduisant. La mort l'a frappé inopinément, le 8 de ce mois, à la suite d'une journée qui avait paru bonne et peu d'instants après avoir entendu une lecture des mémoires de Saint-Simon, qu'il avait interrompue plus d'une fois par des citations heureuses de ses auteurs favoris. Puissent les regrets de ses amis adoucir la cruelle douleur de sa famille !

« M. Desclozeaux était âgé de 64 ans seulement ; il avait reçu le titre de recteur honoraire et était depuis longtemps commandeur de la Légion-d'Honneur.

« Ses obsèques ont eu lieu à Hyères le 10, au milieu d'un grand concours de population. Le deuil était conduit par MM. Adrien Desclozeaux, son fils, substitut du procureur général à Aix, et Nourrit, fils d'Adolphe Nourrit, le grand artiste, condisciple et ami du défunt. Les coins du poêle étaient tenus par M. le Maire d'Hyères, M. Denis, ancien député du Var, M. Gauja, procureur impérial à Toulon, et M. de Salve, inspecteur d'Académie à Marseille.

« MM. Gauja et de Salve ont successivement pris la parole sur la tombe de M. Desclozeaux. »

Toulonnais du 16 Novembre 1867.

Dimanche dernier, ont eu lieu à Hyères, milieu d'un grand concours, les obsèques M. Ernest Desclozeaux, ancien Recteur de l'Ac démie d'Aix, décédé à sa villa de Costebelle, le de ce mois, dans sa soixante-cinquième année.

Le deuil était conduit par M. Adrien Desc zeaux, son fils, substitut du Procureur généra. Aix, et M. Nourrit, fils d'Adolphe Nourrit, le gra artiste, condisciple et ami du défunt.

Les coins du poêle étaient tenus par M. Den ancien député du Var, M. Gauja, procureur imp rial à Toulon, M. de Salve, inspecteur d'Acadén à Marseille et M. le Maire d'Hyères.

Parmi les discours qui ont été prononcés sur tombe, nous devons à l'obligeance de M. Roulli notaire à Hyères, de pouvoir publier celui

M. G. Gauja ; ce que nous faisons avec d'autant plus d'empressement que ce discours retrace, mieux que nous ne saurions le faire, les différentes phases qui se rattachent à la vie de M. Desclozeaux.

M. Gauja s'est exprimé en ces termes :

« Messieurs,

« Magistrat d'une génération nouvelle, je viens dire un suprême adieu à un de mes maîtres, à un de ceux qui entre tous a laissé, dans la carrière judiciaire, un des noms les plus considérables et les plus considérés.

« Mais surtout et avant tout, je viens rendre un devoir de pieux respect à celui qui a bien voulu honorer l'ami déjà ancien de son fils, d'une bienveillance que chacun de vous sait bien n'avoir jamais été banale.

« M. Desclozeaux avait formé sa jeunesse pendant la période de la Restauration, époque de grande activité intellectuelle, où chacun trouvait un vaste champ d'exercice à ses facultés, qui dans les luttes politiques, qui dans les disputes littéraires et philosophiques.

« Aussi, lorsqu'il fut appelé aux fonctions publiques était-il armé de toutes pièces et ses éminentes qualités, la rectitude si absolue de son jugement, la culture de son esprit si orné, la netteté si précise de l'expression de ses pensées furent-elles promptement remarquées.

« Conseiller auditeur à la Cour royale de Paris, en 1830, substitut du procureur du roi, puis juge d'instruction au tribunal de la Seine, il traverse avec éclat et rapidité ces différents postes, et, dès 1836, il est nommé à la direction des affaires criminelles.

« En 1841, il devient conseiller d'État en service extraordinaire, secrétaire général du ministère de la justice.

« C'est par le souvenir de cette haute et délicate fonction qu'il était resté le plus cher à la magistrature, au bon recrutement de laquelle il avait apporté tant de soins éclairés et tant de tact, qu'elle lui doit le choix de bon nombre de ses dignitaires actuels dont il avait deviné les talents et encouragé les débuts.

« Lorsque 1848 survint, M. Desclozeaux était, depuis deux ans, député des Hautes-Alpes.

« Vous l'avez vu alors rentrer dans la vie privée, avec la dignité et l'indépendance d'un homme qui a la conscience d'avoir pleinement et largement acquitté sa dette envers ses commettants.

« Monsieur l'inspecteur de l'Académie des Bouches-du-Rhône vous dira comment l'Empereur, toujours heureux d'utiliser les forces vives du pays et de faire appel à toutes les bonnes volontés, fournit bientôt à M. Desclozeaux l'occasion de rendre, dans l'Université, de nouveaux services publics qui furent récompensés par la croix de commandeur de la Légion-d'Honneur.

« Après une carrière si remplie, si occupée, l'heure de la retraite venait de sonner pour lui, il y a un mois à peine, et lui promettait des loisirs.

« La volonté de Dieu était qu'il ne se reposât plus que dans sa miséricorde.

« Du moins a-t-il pu s'éteindre dans cette commune d'Hyères qu'il affectionnait tendrement, dont il appréciait sûrement les intérêts, et dont il a toujours rêvé la prospérité par l'union de tous ses membres.

« Inclinons-nous, Messieurs, devant les décrets de la Providence, et rassurés sur le sort de l'âme supérieure qui vient de quitter son enveloppe, n'ayons plus de larmes que pour la veuve qui fut toujours la digne compagne de celui que nous avons perdu, pour le fils qui fut son légitime orgueil. »

Nous croyons pouvoir ajouter, et cela sans indiscrétion, que M. Desclozeaux s'occupait à Costebelle d'études juridiques. On ignore sans doute, mais nous croyons le tenir de bonne source, que ce savant docteur a enrichi le grand *Répertoire de législation et de jurisprudence de Dalloz*, de nombreux articles et notamment du mot *Prescription* qui est un véritable traité *ex professo* sur la matière.

Nous ne terminerons pas sans rendre nous-même un dernier hommage à cet homme de bien dont la mémoire restera parmi nous, car nous ne saurions oublier que c'est sur l'initiative de M. le Recteur Desclozeaux que la ville de Toulon a été dotée d'un lycée impérial.

DISCOURS

Prononcé par M. de Salve, inspecteur de l'Académie d'Aix, en résidence à Marseille, sur la tombe de M. Desclozeaux, le 10 Novembre 1867.

« Messieurs,

« Je remplis un devoir et acquitte en même temps une dette de reconnaissance en rendant un pieux et dernier hommage à un chef aimé, que l'Université comptait parmi ses hauts dignitaires, et dont on gardera fidèlement la mémoire dans deux de nos Académies les plus importantes.

« Préparé de bonne heure à la connaissance des hommes et à la pratique des grandes affaires, M. Desclozeaux s'est fait remarquer, à Caen comme à Aix, par les qualités d'un administrateur éminent.

« L'ardeur d'un esprit toujours vert était heureusement tempérée en lui par la sagesse d'une expérience consommée, et les difficultés les plus imprévues trompaient rarement sa sagacité. Ce qu'avaient de charmes la distinction de ses manières et son érudition de bon goût, ceux qui ont été admis dans son intimité ne sauraient l'oublier ; mais il se distinguait surtout par la bonté de son cœur et la fidélité de ses affections. On pourrait en donner bien des témoignages ; je n'en veux d'autre que le sympathique dévouement qu'il inspirait lui-même à ses amis, parmi lesquels, on le sait, il comptait des illustrations de la magistrature et de l'Eglise.

« Toujours sûr de lui-même, il puisait dans les principes d'une haute philosophie la sérénité des âmes fortes et savait résister aux douleurs morales aussi bien qu'aux peines physiques. Peu d'instants avant de nous être ravi, son intelligence restait encore intacte et il semblait que de récents loisirs lui promissent d'espérer de longs jours. Il n'en a pas été ainsi ; une fin soudaine lui a épargné les épreuves d'une cruelle séparation. Quand on laisse après soi de nobles traditions et le souvenir d'une vie dignement remplie, on a fait son œuvre en ce monde, le repos est doux alors au sein de Dieu et les regrets moins amers pour la famille et les amis. »

(Journal d'Hyères, 17 Novembre 1867.)

Un homme s'est éteint subitement parmi nous, qui avait occupé une haute position sociale : sous-secrétaire d'Etat du ministère de la justice, conseiller d'État, et, par un singulier revirement de fortune politique, officier de l'Université, recteur des Académies de Caen et d'Aix, partout où il s'est trouvé, il s'est montré supérieur à la situation qu'il occupait.

Nous ne dirons rien de sa vie politique, sinon qu'il a nettement et franchement appartenu au parti conservateur.

Jeune, il s'était fait une brillante réputation au parquet du département de la Seine, et cependant, bien que maître dans la science du droit, il étudiait toujours ; âgé, il étudiait encore pour entrer dans la carrière universitaire. Nous l'avons vu recommencer toutes ses études classiques avec l'ardeur

juvénile d'un excellent écolier ; ses examens furent
un triomphe, et quand de plein saut il atteignit le
poste de recteur, personne dans le noble corps en-
seignant ne s'en étonna et ne lui en fit un reproche,
même les jaloux et il y en a toujours : ceux-là, son
caractère aimable, au niveau de son esprit si cul·
tivé, se les concilia ou sut les fléchir, car personne
ne porta plus loin l'urbanité et le charme des
manières.

Fidèle aux vieilles amitiés, comme il était accessible pour les nouvelles, il s'est montré pour tous
homme de cœur et de bon conseil. Aussi quelle
foule avons-nous vue suivre le fatal cercueil,
quels regrets amèrement exprimés, quel deuil général, quelles figures contristées, quelles larmes,
quels sanglots chez les proches, les amis, les subor-
donnés. Je me tairai sur des douleurs intimes, plus
profondes et à la fois plus élevées, douleurs tempé-
rées par une pieuse résignation : les dévoiler me
semblerait une profanation.

Le discours prononcé par M. Gauja, procureur
impérial à Toulon, était presque une véritable orai-
son funèbre, un modèle de concision et d'élégance
parsemée des plus heureuses expressions ; il a tou-
ché, il a ému l'assistance ; c'était tout ce qu'il était
raisonnable d'attendre de son éloquence dans un
pareil moment.

Eh bien ! malgré ce succès, l'officier universitaire qui l'a remplacé sur le bord de la tombe a
trouvé le moyen de se faire écouter avec intérêt,

en parlant des qualités administratives de l'homme
de bien que la terre allait engloutir, mais qui laisse
le souvenir impérissable de ses vertus.

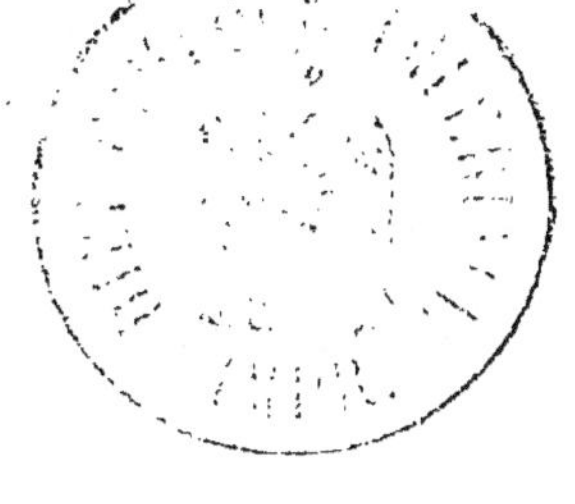

Alphonse DENIS,

ancien député du Var.

Revue de l'Instruction Publique du 28 Novembre 1867.

La mort de Desclozeaux, recteur de l'Académie d'Aix, ancien député et secrétaire général au ministère de la Justice, a excité de justes regrets chez tous ceux qui l'ont connu avant sa retraite dans le Midi. Un éloignement de vingt ans n'avait pas effacé le souvenir de sa belle intelligence, de ses facultés remarquables, de son commerce si charmant. Revêtu, pendant un temps, de fonctions éminentes, il finit sa carrière, non sans honneur, sur un théâtre moins élevé, laissant partout la preuve de sa rare capacité et de son entier dévouement aux devoirs des fonctions publiques qu'il a remplies.

Ernest Desclozeaux naquit à Paris en 1802. Son père, ancien membre du conseil des Cinq-Cents, avait été, sous l'Empire, conseiller à la Cour impériale. En 1815, il fut destitué pour avoir signé l'acte additionnel. Le jeune Desclozeaux fit son éducation dans la maison paternelle. S'il n'arriva pas dans les premières classes avec la connaissance des langues anciennes que donnent aux élèves des colléges six ans de pratique, il avait étudié et possédait les classiques français comme nul de nos rhétoriciens ; il joignait à cette culture féconde une vive admiration pour les littératures grecque et latine, ce qui n'est pas toujours le fruit des études. Lorsqu'il était avocat, il se remit au grec avec beaucoup d'ardeur, sous la direction d'un ami, à la différence de ceux qui, une fois sortis des lycées, ne songent qu'à se féliciter de leur affranchissement. Après 18,8, se trouvant pour quelque temps à Antibes, avec du loisir et sans livres, il s'amusa à traduire en entier le quatrième volume de *l'Énéide*.

Il entra à Sainte-Barbe en 1818, et fit un an de rhétorique au collége Louis-le-Grand. Ce collége perdit alors un professeur distingué, qui exerçait une grande influence sur la jeunesse, et dont les chaleureuses leçons portèrent des fruits remarquables. M. Pierrot passa au collége Bourbon (lycée Bonaparte). Ce départ provoqua plus d'une désertion. Desclozeaux suivit à la Chaussée-d'Antin le professeur qu'il avait naturellement espéré à Louis-le-Grand, et occupa un beau rang dans une classe d'où sortirent des célébrités.

Il passa une jeunesse singulièrement sévère. Les graves exemples de la maison paternelle ne lui avaient fait aimer que les nobles plaisirs. L'étude, la fréquentation du Théâtre-Français, illustré par Talma, par Mlle Mars, par une troupe choisie, et qui n'offrait alors à l'esprit que des aliments sains, le commerce d'amis qui se réunissaient pour causer philosophie et littérature, studieuses préoccupations inspirées par de célèbres cours publics, tels sont les objets auxquels était consacré le temps d'un jeune homme dont la vocation était la magistrature.

Après avoir terminé son droit, Desclozeaux ne plaida que peu de temps. Il resta longtemps comme premier clerc dans une étude d'avoué, et il y apprit à fond la pratique, en même temps que des études assidues l'initiaient à la législation et à la jurisprudence. Cependant, il trouva une heureuse occasion de satisfaire, je ne dis pas son goût, mais sa passion pour la littérature. Un recueil périodique, *le Globe*, fut fondé vers la fin de 1824, recueil sérieux et solide, qui non-seulement n'est pas oublié, mais dont l'estime ne fait que croître. Les sciences, les lettres, la philosophie, l'économie politique, les beaux-arts, il comprenait dans son cadre étendu toutes les branches de nos connaissances. Autour du courageux Paul Dubois s'était groupé un essaim de jeunes gens pleins d'ardeur et désintéressés, des talents dont beaucoup se sont fait un nom : Théodore Jouffroy, Patin, Charles Magnin, Ludovic Vitet, Sainte-Beuve, Duchâtel, Duvergier de Hauranne, etc. On se distribua les rôles. Un des buts qu'on se proposait était de combattre chez notre nation l'admiration exclusive de ses chefs-d'œuvre littéraires. On tira de l'obscurité les productions remarquables de l'Angleterre et de l'Allemagne, et on les fit connaître par des appréciations ou des traductions. Desclozeaux avait l'avantage de savoir parfaitement la langue anglaise et d'en posséder les écrivains. Dès les premiers numéros, il commença une série d'articles, destinés à mettre à la portée de tous cette mine toute nouvelle. On remarqua ces articles où l'érudition s'alliait à l'esthétique, et qui attestaient un vif sentiment des beautés de la conception et de la forme, rendu par une plume élégante et délicate. Desclozeaux eut le mérite d'être le premier parmi les critiques français qui releva Shakespeare de la proscription, et qui parla de ce grand génie avec une admiration communicative.

Après la Révolution de 1830, il entra dans la vie publique, comme la plupart de ses amis. Il fut nommé par M. Barthe conseiller-auditeur à la Cour royale de Paris, et peu après, substitut au tribunal de la Seine. Son passage au ministère public montra la solidité de ses connaissances, la sagacité de son esprit, la netteté de son raisonnement, la chaleur de sa parole.

En 1837, sous le même ministre, Desclozeaux devint maître des requêtes, et fut chargé, au ministère de la Justice, de la division des affaires criminelles et des grâces. Dans ce poste, qu'il conserva cinq années, il fit preuve d'une grande aptitude. Ses fonctions l'approchaient du roi Louis-Philippe, qui, chaque fois qu'une condamnation capitale avait été prononcée, voulait connaître toute la procédure. Les avis que le jeune chef de division donnait et défendait, soit pour la sévérité, soit pour l'indulgence, le firent apprécier du roi, et cette estime lui ouvrit le chemin d'une plus haute fortune. En 1841, M. Martin (du Nord) étant devenu ministre, Desclozeaux fut nommé conseiller d'État en service extraordinaire et secrétaire général au département de la Justice. Il eut l'entière confiance de ce ministre, qui, lui-même fort capable, avait deviné et reconnaissait à l'œuvre la capacité de son jeune ami, et suivait volontiers ses conseils. En 1846, il fut envoyé à la Chambre des députés par le département des Hautes-Alpes. Quand M. Hébert eut remplacé M. Martin (du Nord), éloigné par la maladie et qui mourut bientôt, le secrétaire général fut conservé, chose peu ordinaire et bien flatteuse pour lui.

Sans doute pendant un long exercice du pouvoir dans des fonctions délicates, Desclozeaux, comme tous ceux qui ont rempli le même poste, a fait des mécontents ; sans doute, comme les autres, il s'est trompé quelquefois ; mais il ne faut pas croire à toutes les injustices que dénoncent les exigences des amours-propres. Ce qu'il y a de certain, ce que nous savons, c'est que dans ses présentations, il n'eut jamais en vue que le bien public ; c'est que le talent reconnu d'un concurrent déterminait ses préférences et prévalait sur ses propres sympathies.

Il y a aujourd'hui dans des positions élevées bien des magistrats dont le choix ou l'avancement atteste la sûreté de son jugement. Combien d'hommes d'un grand mérite auxquels il a ouvert ou facilité la carrière !

La Révolution de Février mit fin aux fonctions de Desclozeaux. Il cessa aussi de faire partie de la députation. Bientôt, la santé de sa femme ne s'accommodant plus du climat de Paris, il alla s'établir dans le Midi. Mais habitué à la vie active et à cette pratique des affaires qui devient un besoin, il se consumait sous le ciel énervant de la Provence. Un ami qu'il s'était fait dans sa prospérité, un ami véritable, non de ceux dont parle Ovide, voyait les souffrances de son esprit dans une inaction pour laquelle il n'était pas fait. Devenu un personnage considérable dans le gouvernement impérial, il voulut le tirer de ce repos qui le minait et le rendre aux affaires publiques. Desclozeaux ne fut pas sourd à ses conseils. Son père avait été conseiller à la Cour d'appel sous le premier Empire : ces souvenirs n'étaient pas effacés de son esprit. Comme il avait par-dessus tout l'horreur de la guerre civile, il avait déjà fait à la cause de l'ordre le sacrifice, non de ses principes, qui demeurèrent inébranlables, mais de ses sympathies. Ce n'est donc pas du jour où il rentra en activité qu'il se sépara de plusieurs de ses amis. Dès 1849, un dissentiment politique régna entre eux, mais sans altérer jamais leur fidèle intimité.

Desclozeaux pouvait rentrer dans la magistrature avec une position digne de son passé. M. Rouland, nommé ministre de l'instruction publique en 1856, voulut se le réserver. En créant un petit nombre de grands rectorats, après l'essai peu heureux qui avait été fait des recteurs départementaux, le gouvernement impérial avait eu en vue de relever singulièrement ces fonctions, et il cherchait des hommes qui fussent non-seulement lettrés, mais en même temps versés dans la législation et dans l'administration, capables de mener à bien les grandes affaires, au milieu de difficultés de plus d'un genre, et de tenir dignement leur place à côté des fonctionnaires supérieurs dans les chefs-lieux où ils résidaient. Il trouva ces fonctionnaires dans l'Université, parmi les vétérans de l'inspection générale; il les prit aussi en dehors de l'Université, quand il voyait des hommes qui, en raison de leur position antérieure et de leur expérience, lui paraissaient propres à réaliser ses hautes idées. Desclozeaux fut choisi comme un des anciens serviteurs qui réunissaient ces précieuses qualités. Il avait toujours aimé l'Université ; au *Globe*, il s'était lié avec plusieurs de ses membres distingués. Et puis, les actes du ministre lui paraissaient sages et utiles. « Si je rentre dans les fonctions publiques, écrivait-il à un ami, j'y porterai la résolution d'y faire le bien, et la détermination de quitter, dès l'instant même où je ne pourrais plus le faire. La raison principale qui me détermine à entrer dans l'administration universitaire, c'est qu'au total, la direction donnée par le ministre actuel est bonne, et que les universitaires espèrent en lui. »

Desclozeaux fut nommé Recteur de l'Académie de Caen au printemps de 1858, et il vint s'établir avec joie dans une ville qui lui offrait plus d'un attrait. Il y retrouva un frère dont il regrettait vivement d'être séparé. M. Guy, architecte de la ville, était domicilié à Caen depuis longues années, et il y avait fait exécuter des travaux importants. Comme il y jouissait d'une considération générale et méritée, il avait naturellement, sans prévoir cet avenir, disposé les esprits à l'estime de son frère, et il lui avait préparé un accueil bienveillant. Desclozeaux fut parfaitement reçu dans cette Normandie qu'il aimait. Il était heureux de se trouver dans une ville lettrée, où la vie intellectuelle est en honneur, à la tête de Facultés florissantes, et en rapport avec des professeurs distingués, au nombre desquels était l'éminent juriste M. Demolombe, pour qui il avait la plus haute considération. Il n'aurait pas désiré changer de résidence s'il n'eût été séparé de sa femme ; mais, après un court essai de ce climat sévère, elle était retournée en Provence, et dès lors les vœux de son mari furent d'aller l'y rejoindre. Vers le milieu de l'année 1860, il put passer, avec le même titre, à l'Académie d'Aix, devenue plus importante par l'adjonction du comté de Nice. En cette circonstance, les convenances du recteur n'avaient pas seules été consultées : l'administration avait besoin de lui pour mettre sur pied un lycée déplorable et qui manquait de tout. A peine arrivé à Aix, il dut se rendre à Nice, et s'y livrer à un travail prolongé, qui l'intéressait beaucoup, mais qui alla jusqu'à la fatigue. Plus tard, il introduisit à Marseille l'enseignement supérieur des lettres, et transforma le collége de Toulon en lycée (1). C'est dans ces commissions importantes que ses services étaient particulièrement précieux. Il trouvait à Marseille des difficultés extraordinaires, qui lui faisaient regretter sa bonne ville de Caen. Les efforts qu'il fit pour en triompher aggravèrent chez lui les effets de l'âge.

Quoiqu'il se trouvât dans une carrière où il était nouveau, il tenait haut et ferme le drapeau de l'Université. Il savait combattre les tendances opposées, les influences hostiles, sans jamais sortir des bornes de la prudence. Ce tact d'un administrateur consommé, cette grande connaissance des affaires et des hommes, la dignité avec laquelle il représentait le corps auquel il appartenait, lui assuraient la confiance de l'autorité supérieure. M. Duruy, qui.

---

(1) Voici comment le *Sémaphore de Marseille* apprécie son passage à la direction de l'Académie d'Aix : « Sans essayer d'analyser tous les actes de l'administration de M. Desclozeaux parmi nous, nous ne saurions oublier que, sur son initiative, se sont ouverts le grand et le petit lycée de Nice, le lycée de Toulon, le petit lycée de la Belle-de-Mai à Marseille, les colléges d'Arles, d'Antibes et de Menton. La ville de Marseille lui doit, en outre, l'installation des cours faits avec tant de succès à la Faculté des sciences par les professeurs des Facultés de droit et des lettres à Aix. La plupart de nos établissements universitaires ont pris, dans ces derniers temps, un développement nouveau, auquel il n'est pas resté étranger. »

en 1863, avait succédé à M. Rouland, fut à l'égard
de Desclozeaux comme le ministre qui l'avait
nommé. Le recteur, de son côté, ne cessait de se
louer de l'estime qu'on avait toujours témoignée à
un vieux serviteur.

Malheureusement, ses forces n'étaient plus à la
hauteur de son zèle. Il avait eu, il y a quelques
années, un petit accident cérébral, qui, sans trou-
bler la lucidité de son esprit, avait ralenti ses mou-
vements, et ne lui permettait plus une longue appli-
cation ; il avait récemment éprouvé la douleur de
ne pouvoir porter la parole dans des occasions
sollennelles. Après une lutte énergique, il se sentit
vaincu par le mal, et il demanda sa retraite. Elle
venait de lui être accordée au mois de septembre
dernier, avec des égards qui adoucirent pour lui la
séparation.

Il semblait qu'il avait encore quelques années
paisibles à passer dans sa charmante solitude de
Costebelle. Mais le moment fatal approchait : de
cruelles insomnies indiquaient l'aggravation de
son état. Cependant, au commencement de ce
mois, il se trouvait mieux. Par une belle journée de
l'automne de Provence, il était sorti en voiture,
pendant plusieurs heures, avec une famille amie
qui était venue le visiter. Il avait retrouvé sa
gaieté et son entrain ; son esprit conservait son an-
cienne vivacité. Au retour, il dîna de bon appétit.
Rentré au salon, il écouta pendant quelque temps
une lecture avec intérêt, et s'assoupit sur le canapé.

Bientôt il se réveilla, et se retira, comme d'ordinaire, avant les autres. Tout à coup, vers neuf heures et demie, on l'entendit pousser des cris déchirants. On accourut : il se plaignait d'atroces douleurs. Des étouffements succédèrent, et un quart d'heure après, il n'était plus. Tous les secours, que l'on s'était empressé de faire chercher, arrivèrent trop tard. Longtemps sa pauvre femme lui soutint la tête, pensant le voir revenir d'un évanouissement. Quand il lui fallut croire à l'affreuse réalité, elle puisa dans ses sentiments profondément religieux l'énergie nécessaire pour supporter un coup si rude et si imprévu.

Ainsi Desclozeaux mourut dans sa propriété de Costebelle, près d'Hyères, le 8 novembre, à l'âge de soixante-cinq ans. Il avait alors le titre de recteur honoraire, depuis longtemps il était commandeur de la Légion-d'Honneur. Ses obsèques furent célébrées à Hyères au milieu d'un grand concours de population. Le deuil était conduit par M. Desclozeaux, son fils, substitut du Procureur général à Aix, et par le fils d'Adolphe Nourrit, le grand artiste, qui avait été un des intimes amis du défunt. La présence de Robert Nourrit à cette triste cérémonie attestait la reconnaissance de cet excellent jeune homme, et rappelait aux amis les soins paternels dont Desclozeaux et sa femme avaient entouré des orphelins. Les coins du poêle étaient tenus par M. le maire d'Hyères, par M. Alphonse Denis, ancien collègue à la Chambre des députés et ami de

Desclozeaux, M. Gauja, procureur impérial à Toulon, dont le recteur faisait un cas particulier, et M. de Salve, inspecteur d'Académie à Marseille. Ces deux derniers ont parfaitement exprimé les sentiments de tous, et rappelé les titres qui avaient concilié à Desclozeaux l'estime et la sympathie des départements auxquels il était venu consacrer ses facultés et ses soins.

Une réunion rare de qualités de l'esprit et du cœur recommandait l'homme que Dieu vient de rappeler à lui. Il avait une intelligence élevée, une sûreté et une rapidité de jugement qui lui faisait apercevoir tout de suite les vrais rapports des choses, les divers côtés des affaires. Une parole nette et précise exposait, sans parenthèses et sans circonlocutions, ce que son coup d'œil avait saisi. Ce mérite frappait singulièrement notre bien regretté Hachette, si juste appréciateur des hommes, qui eut avec Desclozeaux, son condisciple, des relations rares, mais agréables, et qui, aux jours de la mauvaise fortune, lui demanda de composer une *Histoire de Pologne*. Ce travail ne fut pas poursuivi (1).

Il y avait chez Desclozeaux une noblesse de sentiments qui se produisait dans son goût et sa critique, comme dans son caractère. Tout ce qui était bas lui était odieux, soit dans la conduite des indi-

___

(1) Du moment que Desclozeaux habita la province, les livres lui firent défaut. Alors il s'occupa de questions de droit, et donna des articles dans la *Jurisprudence générale*.

vidus, soit dans les œuvres littéraires. Cette dignité de l'âme avait, pour ainsi dire, une expression extérieure. Il imposait naturellement, et possédait cet ascendant qui est un don précieux pour le maniement des hommes. Joignez à cela, comme contraste, un esprit plein de grâce et de gaieté, une conversation qui pétillait de traits, une verve intarissable lorsqu'il se livrait en toute liberté à son aimable enjouement. On ne remarquait pas moins sa droiture et sa parfaite loyauté. Il parlait sans réserve et avec chaleur des grands talents en tous genres. Particulièrement dans la carrière qu'il suivait, il se plaisait à signaler les maîtres, et il était heureux quand sa position élevée lui offrait l'occasion de leur témoigner toute sa déférence. Ce n'était que justice ; mais cette justice n'est rendue que par ceux qui ne sont pas dominés par l'envie ou l'orgueil.

Toutes les qualités que j'ai louées dans l'homme public, dans le critique, dans l'écrivain, ne sauraient, pour les relations sociales, tenir lieu de la bonté. Si Desclozeaux a eu, a conservé des amis chauds et dévoués, c'est que leur affection avait été gagnée par son cœur affectueux. Hors de ce centre privilégié, il laisse de chers souvenirs : dans la magistrature, combien de témoignages honorables lui sont assurés ! Et que de bienfaits il a répandus partout autour de lui ! Lorsqu'il avait le désir d'obliger, sa sagacité lui montrait les moyens de réussir, et, grâce à l'ardeur qu'il mettait en toute chose, le succès ne se faisait pas attendre. Quant à ses vieux camarades, qui ont joui pendant près de cinquante ans de sa douce intimité, leur douleur est amère et leur deuil sera éternel. Ils n'ont pas eu la consolation d'accompagner à sa dernière demeure celui dont la vie a tenu tant de place dans leur vie, et de joindre leur voix aux voix sympathiques qui se sont fait entendre devant sa tombe !

A cette douleur s'ajoutent pour eux l'éloignement et la solitude de cette femme, d'une haute intelligence et d'un grand cœur, que la Providence lui avait donnée pour embellir la prospérité et pour le soutenir dans la mauvaise fortune. Confinée depuis longtemps par la maladie dans les plus chaudes régions de notre France, il ne leur est pas donné de lui prodiguer les témoignages de leur vive affection, et de lui créer une autre famille. Car elle ne peut pas même avoir auprès d'elle un fils chéri et tendre, qui, nourri des leçons de son père, et introduit par lui dans cette carrière de la magistrature, qui avait été son rêve, tient à la parcourir d'une manière digne de son nom. Au moins la distance d'Aix à Hyères peut être facilement franchie, et tous les moments que lui laisseront ses devoirs de magistrat et de père de famille, il sera heureux de les consacrer à satisfaire sa piété filiale.

Malgré un désordre interne, désordre inexpliqué, qui depuis quelques années restreignait l'exercice de ses facultés, l'état de Desclozeaux ne faisait pas attendre une fin aussi prompte. Il y a tout lieu de croire qu'il faut l'attribuer à une de ces affections de cœur qui foudroient en un instant. Dès sa jeunesse, il s'était plaint de palpitations. D'autres fois aussi, il accusait ses nerfs. Il éprouvait donc de temps en temps des souffrances réelles ; mais, comme ces accès divers ne se trahissaient pas extérieurement par les signes de la maladie, on croyait que ses plaintes étaient exagérées. Quand il se trouvait bien, il était presque de cet avis. Il disait un jour, avec sa gaieté spirituelle : « C'est dommage que je n'aie pas cinquante mille livres de rente : je me ferais malade imaginaire. »

Revenons sur cette vie, que nous n'avons fait qu'esquisser, pour en faire ressortir quelques traits.

Desclozeaux ne pouvait rester en dehors du mouvement de son siècle. Cette nature ardente et généreuse devait se mêler à la politique, qui était, il y a quarante ans, la grande préoccupation des jeunes esprits. *Le Globe* s'était donné la mission d'aider au développement de la liberté dans la politique, la philosophie, la littérature, les arts. On n'a pas oublié quelle part et quelle influence il eut dans les luttes qu'il fallut soutenir alors contre les défenseurs de l'ancien régime. Desclozeaux se préoccupait de l'utilité comme de la prospérité de ce recueil : il lui vint une idée dont la réalisation fit du bruit, et produisit d'importants résultats.

Charles X avait inauguré son règne en abolissant la censure des journaux, et cette mesure lui avait donné un instant de popularité. Mais, dès le commencement de 1827, la censure fut rétablie : les tribunaux ne s'occupèrent que d'affaires de presse. Desclozeaux proposa à la rédaction du *Globe* de faire de la propagande au moyen de l'association. Pour répandre parmi le peuple des enseignements que les journaux ne pouvaient donner ni avec étendue, ni avec sûreté, il était d'avis de fonder une société qui publierait de petits traités propres à former les citoyens à la vie politique, et qui provoquerait les adhésions et le concours de la province. Cette idée fut accueillie ; et, dans une réunion assez nombreuse, présidée par M. Guizot, on organisa une société à laquelle on donna le nom de Société *Aide-toi, le ciel t'aidera*. Elle se mit aussitôt à l'œuvre, et, par ses publications, par ses ramifications avec les départements, elle contribua puissamment aux élections libérales de la fin de 1827, qui renversèrent le ministère Villèle. Un député avait tonné à la Chambre contre cette association, et la *Gazette de France* avait dénoncé un *comité directeur, oppresseur des élections.* Un jour, elle menaça de livrer à la publicité les noms de tous les membres de ce comité mystérieux, et le *Globe* répondait : « Nous offrons de l'aider à compléter sa liste. » La nomination du ministère Martignac donna satisfaction aux vœux de la grande majorité des membres de cette société, et ils se retirèrent. La minorité, qui voulait autre chose, poursuivit son œuvre jusqu'à la révolution de 1830.

Ce projet d'une première association politique, projet qui eut une si grande conséquence, doit assurer à son auteur un souvenir reconnaissant. Il montre qu'au désir du progrès Desclozeaux joignait les ressources de l'esprit.

Sa carrière de magistrat présente un bel exemple qui mérite d'être recueilli.

Au commencement de juin 1832, le convoi du général Lamarque fut le signal d'une émeute terrible, qui ensanglanta Paris pendant deux jours, et fut une grande épreuve pour la royauté de Juillet. Dans des conjonctures aussi graves, les dépositaires du pouvoir, les défenseurs du droit, peuvent différer d'avis, les uns voulant intimider les ennemis par une répression énergique, extraordinaire ; les autres attendant le salut du respect de la légalité. Le gouvernement alors inclina vers la rigueur : il proclama l'état de siége, et déféra les jugements aux conseils de guerre. Desclozeaux était substitut du procureur général. On avait compté sur son dévouement et sur sa fermeté, et on voulut le charger de soutenir l'accusation devant cette juridiction exceptionnelle. Comme il ne partageait pas le sentiment de ses amis, il osa décliner cette commission. L'explication qu'il donna de sa conduite à un ami intime, qui alors était loin de Paris, m'a paru digne d'être consignée parmi les titres honorables de sa vie. La lettre est datée du 14 juin.

« Je te dois le récit de mon refus et de ce qui

s'en est suivi. Le procureur général a été fort contrarié, mais il m'a semblé que toutes ses objections se sont anéanties devant mes raisons. Il m'a dit avec loyauté qu'il ne considèrerait pas ce qui s'était passé comme un refus de service. Malheureusement les journaux ont jasé, enchantés qu'ils étaient d'avoir cette nouvelle à exploiter. Dimanche dernier, jour de la revue, nos grands amis m'ont fait venir, et m'ont retourné de toutes les façons. J'ai tenu ferme.

« Il est résulté de mon obstination que la mesure a été changée, grandement au profit de mes collègues et de nos grands amis ; mais on ne m'en veut pas moins. Je craignais d'abord une destitution, mais je les crois trop justes et trop prudents pour aller jusque-là. Les jours s'écoulent ; je conserverai ma place. J'ai la conscience nette, et je reçois des témoignages d'estime qui me touchent et qui m'honorent.

« L'opinion se prononce ici avec une force extrême contre la mise en état de siége et contre les conseils de guerre. Paris, pendant les deux jours qui ont suivi la catastrophe, a été très exaspéré contre les malheureux brouillons qui ont si fortement compromis l'avenir du pays. Les convois des gardes nationaux nourrissaient cette irritation. Mais nous sommes un peuple généreux et léger ; nous oublions et pardonnons facilement. Aujourd'hui la sympathie sera pour les vaincus, quelque coupables qu'ils puissent être.

« Le gouvernement, qui a toujours marché avec légalité et avec douceur, me paraît embarrassé d'un régime extra-légal et de la nécessité d'agir avec une grande vigueur. Il tâtonne et hésite. Il faut, selon moi, qu'il suive sa nature, qu'il ne démente pas ses principes, et qu'il reste légal et patient. Il faut se servir des qualités qu'on a, et ne pas affecter des défauts qui vous sont étrangers. »

Le 29 juin, la Cour de cassation déclara l'incompétence des conseils de guerre à l'égard des individus pris les armes à la main ; d'où suivit immédiatement la levée de l'état de siége. Ce mémorable arrêt montra que Desclozeaux avait eu le sentiment vrai de la situation ; en même temps qu'il attestait la rectitude de son esprit, il justifia aux yeux de tous l'indépendance de sa conduite.

En 1836, Desclozeaux fut chargé de porter la parole à la rentrée de la Cour royale. Son discours, dont le sujet heureux était traité avec distinction, fut accueilli avec beaucoup de faveur. Nous en reproduisons l'exorde :

« A des époques où règne dans l'État une tranquillité profonde, celui qui porte la parole à cette solennité de la rentrée peut chercher, dans un discours littéraire, à vous délasser par avance de vos travaux. Le magistrat se plaît alors à s'arrêter encore un moment dans ces méditations sérieuses, mais riantes, qui ont occupé les loisirs d'un repos momentané. Mais, dans des temps moins faciles, lorsque les partis, quoique vaincus, s'agitent encore ; lorsque la société, bien qu'elle se rassure, demande un continuel appui à votre autorité, vous aimez à jeter les yeux sur la carrière qui s'ouvre devant vous, à vous mettre en présence des devoirs que vous saurez accomplir. Aussi avons-nous cru nous conformer à ce vœu en retraçant aujourd'hui les devoirs et les droits de ceux d'entre vous, Messieurs, qui sont peut-être le plus en butte à des attaques injustes, et dont les travaux pénibles s'accomplissent loin de l'éclat des audiences. La publicité ne défend pas les actes des juges d'instruction contre les partis qui les calomnient. On les attaque et on les ignore. Leurs efforts sont méconnus. Dissiper l'obscurité qui couvre leurs travaux, montrer ce que les fonctions de juge instructeur ont de difficile et d'élevé, tel sera le sujet de ce discours. »

Bien des gens trouvent de l'attrait aux affaires administratives ; cet attrait devient puissant et presque général lorsqu'il s'agit de fonctions élevées qui donnent de l'influence dans la distribution des places. Desclozeaux avait peu de penchant pour la vie de bureau, et même il ne fut pas étourdi par les grandeurs. Il acceptait l'administration comme un acheminement vers la magistrature. Ces sentiments se manifestent souvent dans sa correspondance. Étant substitut, il écrivait d'Orléans :

« Je repose ici très bien la fougue de mes nerfs ; je tâche de les endormir ; mais je ne serai totalement débarrassé que quand je ne serai plus commissaire de police au grand pied. » Quand on lui proposa la place de directeur des affaires criminelles et des grâces, avec le titre de maître des requêtes, il hésita. « Je n'ai pas accepté sur-le-champ : il ne faut pas se dissimuler que j'abandonne ma carrière, que je change d'avenir, que je vais avoir un autre horizon. » Et quand, arrivé à un poste éminent, il semblait n'avoir plus de vœux à former, il tournait encore ses regards ailleurs. « On me maintient toujours secrétaire général. Quand secouerai-je cette vie si agitée, si dépensée en riens ? Ah ! que j'aspire à retourner dans ma magistrature, à y reprendre des habitudes réglées, à avoir du temps à donner à l'étude, à mes amis ! »

J'ai parlé de la consolation qu'après l'orage il trouva dans les lettres. Il se sentait alors un goût particulier pour les littératures anciennes, avec lesquelles l'éducation domestique ne l'avait pas suffisamment familiarisé. Dans ses lettres, il revient souvent sur ce sujet. « Et moi aussi, je goûte les douceurs de l'étude. Après une vie si mal dépensée, je me suis remis avec bonheur au rudiment. Rien ne me charme comme la lecture des classiques. C'est ce que j'appelle faire des découvertes dans des pays déjà connus. Combien je retrouve d'images, de pensées, que j'avais vues ailleurs, et

que je puise maintenant à leurs sources naturelles !
Ce sont des diamants que j'avais admirés hors de
la parure, et qui me paraissent merveilleux quand
je les vois bien enchâssés. » Il dit ailleurs : « Je de-
viens un humaniste forcené. »

Desclozeaux fut un des champions qui, dans le
Globe, journal dévoué à la liberté et au progrès,
fit la guerre aux exagérations de l'école classique.
Quant aux exagérations opposées, il s'en préserva
toujours. On ne verra pas sans intérêt un échan-
tillon de sa judicieuse et spirituelle critique. Voici
le début de ses études sur Shakspeare :

« On discute beaucoup sur Shakspeare, mais on
le connait très mal. Si l'on prononce son nom
au milieu d'un groupe de classiques et de roman-
tiques, le toast à Guillaume III cause à peine en
Irlande une dispute aussi vive. On se met tout de
suite en colère, pour n'avoir pas même l'embarras
de parler raison, et l'on ne se sert les uns envers
les autres que du langage des partis, n'épargnant
ni les épithètes outrageantes, ni les railleries amè-
res. Heureusement, comme dit Prior, que cela ne
fait couler que de l'encre de chrétien. Mais il en ré-
sulte un malheur, c'est que Shakspeare reste toujours ignoré ; car le peu de gens qui le connaissent,
tout indignés de voir méconnu ce qui les a remplis
d'admiration, tout fiers d'être entrés dans les mys-
tères de ce génie sublime, jouent en quelque sorte
le rôle d'initiés, et le ton de la défense est peut-

être encore plus dédaigneux que celui de l'attaque. De là est née une certaine critique enthousiaste, une certaine poétique mystique, qui a épouvanté le vulgaire. Connaître Shakspeare et le sentir a été un titre à la supériorité d'esprit, comme si les jeux de la scène pouvaient charmer seulement les âmes élevées ; comme si la peinture animée de la vie ne devait pas plaire à tous ceux qui vivent, et comme si la popularité d'un poëte dramatique ne faisait point sa principale gloire.

« De l'autre côté, avouons qu'il existe dans leurs adversaires une si profonde pitié pour Shakspeare et ses partisans, une horreur si naïve pour le mélange du tragique et du comique, un étonnement si complet de la violation des unités, une si imperturbable confiance dans toute opinion assez heureuse pour s'appuyer sur un hémistiche de Boileau, qu'on est bien tenté de ne pas leur expliquer ce qu'ils ne veulent pas comprendre, et de leur *jeter,* pour toute réponse, *son enthousiasme par la figure.*

« Toutefois on a tort de s'en étonner ; c'est chose toute simple. Une révolution déplaît toujours aux habitudes faites et aux supériorités établies. Il n'en coûte pas peu d'être contraint à réexaminer ses vieilles admirations. Elle est tenace, cette critique qui suit les ornières de M. de la Harpe, munie de sa pacotille d'observations que ses adeptes répètent de temps en temps, pour bien s'assurer qu'ils n'ont pas perdu leur capacité littéraire. On craint d'être obligé d'acquérir de nouvelles connaissances, et de voir se changer ses principes en préjugés. Il est dur, en effet, d'être contraint à renouveler son sac d'anecdotes, à ne pouvoir peut-être plus sourire à la *pâmoison* de Chimène et au *tout beau* du vieil Horace.

« Mais les faiseurs actuels de la vieille littérature sont encore moins traitables ; car c'est eux, euxmêmes, et non pas seulement leurs croyances, qu'on attaque. Quoi donc ! on veut leur arracher ces ciseaux, que je comparerais volontiers à ceux des Parques, avec lesquels ils mutilent des beautés étrangères, et se présentent ensuite comme les restaurateurs du bon goût ! Ils ne pourraient plus faire leurs drames à la faveur d'une scène de Shakspeare, et l'outrager ensuite tout à leur aise ! Vous espérez briser impunément ce moule antique et sévère qui, dans leurs mains, n'est plus que le lit de Procuste ? Vous espérez pouvoir, sans qu'on vous injurie, soulager notre Talma, qui, avec une grande fatigue, apporte de la vérité dans ses drames qui ne sont que mensonge ; Talma, dont les poses, la tête, la stature, sont tout ce qu'il y a d'antique et de romain dans ces pièces antiques et romaines ? Vous ne concevez pas l'irritation de ces supériorités qui sentent qu'on ébranle leurs bases ? Mais alors pourquoi, me direz-vous, parler à ceux qui ont des oreilles pour ne pas entendre ? — Pourquoi leur parler ? Pour qu'on écoute la conversation. L'histoire des révolutions littéraires est celle des révolutions politiques : c'est d'abord un dialogue entre l'autorité et la raison, où cette dernière ne cherche pas tant à convaincre qu'à faire intervenir un autre interlocuteur, le vulgaire, le peuple.

« Il faut rendre Shakspeare accessible à tout le monde, en un mot, le populariser ; le faire lire dans des traductions vivantes et animées, et surtout donner envie à nos jeunes littérateurs de le lire dans l'original... »

M. Vitet a rendu, dans la *Revue des Deux-Mondes*, un beau témoignage à l'homme qui emporte tant de regrets. Je transcris avec bonheur une partie de cette appréciation si juste et si honorable, faite avec l'émotion de l'amitié, et dans un langage que le public tient en haute estime :

« La mort a frappé récemment, à l'improviste et avant l'âge, un des hommes les plus aimés et les plus franchement aimables qui aient jamais occupé de hautes fonctions publiques, M. Desclozeaux, naguère recteur de l'Académie d'Aix, il y a vingt ans secrétaire général du ministère de la justice... Sans doute il possédait, et même à un degré rare, les qualités, les aptitudes, disons mieux, les vertus des fonctions qu'il avait remplies. Équitable et bon par nature, ferme au besoin et toujours impartial, habile à deviner le mérite, jaloux de le récompenser, il avait su gagner, à la chancellerie, l'estime et l'affection de la magistrature, comme plus tard conduire avec sagesse les affaires d'un rectorat ;

mais ce n'était vraiment là qu'une partie de lui-même, et la moindre partie. Il avait des goûts d'un autre ordre. Cette âme droite et tendre, ce cœur ouvert aux affections de la famille et aux douceurs de l'amitié, semblait né pour sentir et pour aimer le beau. Il était par essence ce qu'on appelle un lettré, et des plus délicats. Cette passion des choses de l'esprit, il l'avait de bonne heure combattue, par raison, par devoir, par sacrifice à sa carrière, mais sans en être jamais guéri. N'y voyons pas un simple goût, une fantaisie d'amateur : c'était un culte sérieux, nourri de solides études, de nombreuses lectures, de réflexions fécondes.... »

Je publiais la notice précédente, moins quelques pièces justificatives, dans la *Revue de l'Instruction publique*, peu de jours avant que parût le numéro de la *Revue des Deux-Mondes*. Deux anciens amis, deux condisciples d'un homme excellent et distingué, écrivaient donc en même temps, sous l'inspiration de leurs souvenirs. Il se trouve qu'ils ont précisément signalé les mêmes qualités du cœur et de l'esprit dans celui qu'ils ont bien connu. La conformité du portrait qu'ils ont tracé en prouve la ressemblance.

L. QUICHERAT,
Membre de l'Institut.

(*Revue des Deux-Mondes*, nº du 1er Décembre 1867.

ERNEST DESCLOZEAUX.

La mort a frappé récemment, à l'improviste et avant l'âge, un des hommes les plus aimés et les plus franchement aimables qui aient jamais occupé de hautes fonctions publiques, M. Desclozeaux, naguère recteur de l'Académie d'Aix, il y a vingt ans secrétaire général du ministère de la justice. Sa santé affaiblie venait d'exiger qu'il renonçât à la carrière active ; il n'a pas eu le temps de goûter en ce monde le repos qu'il avait acquis : il est mort au fond de la Provence, dans la douce et riante retraite qu'il s'était créée aux environs d'Hyères. Ni les honneurs, ni les discours n'ont manqué à sa tombe ; mais ceux qui lui ont dit les suprêmes adieux, ceux qui ont traduit en touchantes paroles les regrets unanimes qu'excitait autour d'eux sa perte inattendue, ne l'ayant connu que recteur, n'ont pu payer à sa mémoire un juste et complet tribut.

Sans doute, il possédait, et même à un degré rare, les qualités, les aptitudes, disons mieux, les vertus des fonctions qu'il avait remplies. Équitable et bon par nature, ferme au besoin et toujours impartial, habile à deviner le mérite, jaloux de le récompenser, il avait su gagner, à la chancellerie, l'estime et l'affection de la magistrature, comme plus tard conduire avec sagesse les affaires d'un rectorat; mais ce n'était vraiment là qu'une partie de lui-même, et la moindre partie. Il avait des goûts d'un autre ordre. Cette âme droite et tendre, ce cœur ouvert aux affections de la famille et aux douceurs de l'amitié, semblait né pour sentir et pour aimer le beau. Il était par essence ce qu'on appelle un lettré, et des plus délicats. Cette passion des choses de l'esprit, il l'avait de bonne heure combattue, par raison, par devoir, par sacrifice à sa carrière, mais sans en être jamais guéri. N'y voyez pas un simple goût, une fantaisie d'amateur : c'était un culte sérieux, nourri de solides études, de nombreuses lectures, de réflexions fécondes. Causeur aimable, il laissait, dans l'intimité, son vif et brillant esprit courir à l'aventure, mais s'il prenait la plume, il imposait à sa pensée un tour fin et concis, parfois jusqu'à la recherche, bien que toujours facile autant que distingué.

C'est là presque un secret qu'aujourd'hui ceux-là seuls connaissent qui furent ses compagnons de jeunesse et d'étude, ou ceux qui par hasard conservent la mémoire des colonnes du *Globe* où les essais de ce jeune critique ont parfois figuré. L'étudiant d'abord, puis l'apprenti magistrat glissait là, de temps en temps, comme à la dérobée, soit une étude sur Shakespeare, soit de piquantes notices sur les vieux poëtes anglais. Sans avoir pu s'assujettir à une collaboration très active, il appartenait de cœur à la jeune phalange qui soutenait ce recueil; il faisait campagne avec elle, assidu dans ses rangs, fidèle à son drapeau, et associé plus que personne au mouvement d'esprit de ce temps.

Sa vie n'a pas été exempte de chagrins; mais la plus vive peine qu'il ait peut-être ressentie devait, par grâce singulière, devenir la source bénie de sa plus vraie félicité. Une vocation irrésistible avait porté la seule fille qui lui restât (et il n'avait plus que deux enfants), à quitter la maison maternelle pour vivre en religion. Cette volontaire absence avait longtemps brisé le cœur du père; lorsqu'enfin la douce influence de cette sainte personne, apaisant peu à peu sa révolte, ouvrit ses yeux aux célestes clartés; aussi la mort l'a trouvé prêt, si brusquement qu'elle ait pu le surprendre.

Ce n'est pas sans effort et sans un vrai serrement de cœur que nous achevons ces lignes. Qu'on nous pardonne un retour sur nous-même. Trois jours avant que ce cher compagnon de nos jeunes années disparût de ce monde, une séparation autrement déchirante s'était accomplie pour nous! Nous avions perdu plus qu'un frère (1), celui que nous n'avions jamais quitté, la joie, l'honneur, l'attrait de toute notre vie ! Faut-il le dire ? il nous en coûte d'honorer une autre mémoire avant d'avoir rendu nous-même un digne hommage à cet ami. Il est vrai que l'éclat de ses services, sa grande position, l'étendue, la puissance de son esprit, n'étaient un secret pour personne : il n'avait pas besoin de nous ; c'était même un moyen de le mieux honorer que de ne pas mêler d'intimes confidences aux élo-quents éloges de voix plus impartiales, et surtout à l'admirable adieu que le témoin le plus illustre de sa vie militante a déposé sur son cercueil. C'est le cœur moins troublé qu'il nous faudra plus tard essayer de parler de lui, et de trouver peut-être quelques aspects de sa personne que tout le monde n'a pas vus : tandis que pour cet autre absent, presque inconnu même de ceux qui l'entouraient de la plus haute estime, le devoir est de ne pas attendre. Ils sont si peu nombreux ceux qui peu-vent, comme nous, lui rendre témoignage ! La seule compensation au triste privilége de survivre, pour quelques jours peut-être, à ceux que nous aimions, est de les servir encore quand ils ne sont plus là, d'avoir souci de leur mémoire. Ils ont droit à nos soins ; nous leur devons de dire aux généra-tions qui s'élèvent ce qu'ils étaient, ce qu'ils va-laient, et combien de riches semences échappées

(1) M. le comte Duchâtel, ancien ministre.

de leurs mains ont porté des fruits qu'elles igno-
rent.

Nous venons de soulever à peine le voile qui
cachait un homme de talent, sans oser dire à son
sujet toute notre pensée. Nous aurions craint, si
nous avions tout dit, de n'être pas cru sur parole.
Mais que de traits de cette physionomie si variée et
si piquante notre timide témoignage ne laisse-t-il
pas dans l'ombre! Que de lacunes dans ce portrait,
et quel insuffisant hommage! Aussi nous n'espé-
rons adoucir la douleur ni de ses anciens amis,
chaque jour moins nombreux, qui gardent, comme
nous, un tendre souvenir de cette âme d'élite, ni
de ses enfants, ni surtout de sa veuve, sa digne et
vraie compagne aussi bien par le cœur que par la
distinction d'esprit, et qui a droit plus qu'un autre
de trouver pâles nos paroles, puisqu'elle doit sentir
que seule elle saurait peindre ce que seule elle a
vraiment connu.

L. VITET,
Membre de l'Académie Française.